CE CAHIER DE TEXTE APPARTIENT À

NOM : ....

ADRESSE : ....

....

ÉCOLE : ....

.......................@.......................

....

VOTRE AVIS EST PRÉCIEUX ET COMPTE POUR NOUS. N'HÉSITEZ PAS À PARTAGER VOTRE EXPÉRIENCE EN LAISSANT UNE NOTE ET/OU UN COMMENTAIRE SUR AMAZON.

MOTS DE PASSE

SITE WEB : ....
IDENTIFIANT : ....
MOT DE PASSE : ....
✉ ....
QUESTION SECRÈTE : ....

SITE WEB : ....
IDENTIFIANT : ....
MOT DE PASSE : ....
✉ ....
QUESTION SECRÈTE : ....

SITE WEB : ....
IDENTIFIANT : ....
MOT DE PASSE : ....
✉ ....
QUESTION SECRÈTE : ....

SITE WEB : ....
IDENTIFIANT : ....
MOT DE PASSE : ....
✉ ....
QUESTION SECRÈTE : ....

LUNDI

LUNDI

Colorie l'intercalaire du Lundi avec la couleur de ton choix, idem pour les autres jours.

Date	Leçons et Devoirs à faire

LUNDI

LUNDI

Date	Leçons et Devoirs à faire

LUNDI

Date	Leçons et Devoirs à faire

LUNDI

Date	Leçons et Devoirs à faire

Date	Leçons et Devoirs à faire

LUNDI

LUNDI

Date	Leçons et Devoirs à faire

Date	Leçons et Devoirs à faire

LUNDI

LUNDI

Date	Leçons et Devoirs à faire

Date	Leçons et Devoirs à faire

LUNDI

LUNDI

Date	Leçons et Devoirs à faire

Date	Leçons et Devoirs à faire

LUNDI

LUNDI

Date	Leçons et Devoirs à faire

MARDI

MARDI

← Colorie l'intercalaire du Mardi avec la couleur de ton choix, idem pour les autres jours.

Date	Leçons et Devoirs à faire

MARDI

MARDI

Date	Leçons et Devoirs à faire

Date	Leçons et Devoirs à faire

MARDI

MARDI

Date	Leçons et Devoirs à faire

Date	Leçons et Devoirs à faire

MARDI

MARDI

Date	Leçons et Devoirs à faire

Date	Leçons et Devoirs à faire

MARDI

MARDI

Date	Leçons et Devoirs à faire

Date	Leçons et Devoirs à faire

MARDI

MARDI

Date	Leçons et Devoirs à faire

Date	Leçons et Devoirs à faire

MARDI

MARDI

Date	Leçons et Devoirs à faire

MERCREDI

MERCREDI

Date	Leçons et Devoirs à faire

MERCREDI

MERCREDI

Date	Leçons et Devoirs à faire

Date	Leçons et Devoirs à faire

MERCREDI

MERCREDI

Date	Leçons et Devoirs à faire

Date	Leçons et Devoirs à faire

MERCREDI

MERCREDI

Date	Leçons et Devoirs à faire

Date	Leçons et Devoirs à faire

MERCREDI

MERCREDI

Date	Leçons et Devoirs à faire

Date	Leçons et Devoirs à faire

MERCREDI

MERCREDI

Date	Leçons et Devoirs à faire

Date	Leçons et Devoirs à faire

MERCREDI

MERCREDI

Date	Leçons et Devoirs à faire

JEUDI

JEUDI

Date	Leçons et Devoirs à faire

JEUDI

Date	Leçons et Devoirs à faire

JEUDI

Date	Leçons et Devoirs à faire

JEUDI

JEUDI

Date	Leçons et Devoirs à faire

Date	Leçons et Devoirs à faire

JEUDI

JEUDI

Date	Leçons et Devoirs à faire

Date	Leçons et Devoirs à faire

JEUDI

JEUDI

Date	Leçons et Devoirs à faire

Date	Leçons et Devoirs à faire

JEUDI

Date	Leçons et Devoirs à faire

JEUDI

Date	Leçons et Devoirs à faire

JEUDI

JEUDI

Date	Leçons et Devoirs à faire

VENDREDI

VENDREDI

Date	Leçons et Devoirs à faire

VENDREDI

Date	Leçons et Devoirs à faire

VENDREDI

Date	Leçons et Devoirs à faire

VENDREDI

VENDREDI

Date	Leçons et Devoirs à faire

Date	Leçons et Devoirs à faire

VENDREDI

VENDREDI

Date	Leçons et Devoirs à faire

Date	Leçons et Devoirs à faire

VENDREDI

Date	Leçons et Devoirs à faire

VENDREDI

Date	Leçons et Devoirs à faire

VENDREDI

Date	Leçons et Devoirs à faire

VENDREDI

Date	Leçons et Devoirs à faire

VENDREDI

VENDREDI

Date	Leçons et Devoirs à faire

SAMEDI

Date	Leçons et Devoirs à faire

SAMEDI

Date	Leçons et Devoirs à faire

SAMEDI

Date	Leçons et Devoirs à faire

SAMEDI

Date	Leçons et Devoirs à faire

SAMEDI

Date	Leçons et Devoirs à faire

SAMEDI

SAMEDI

Date	Leçons et Devoirs à faire

Date

Leçons et Devoirs à faire

SAMEDI

Date	Leçons et Devoirs à faire

SAMEDI

Date	Leçons et Devoirs à faire

SAMEDI

Date	Leçons et Devoirs à faire

SAMEDI

Date	Leçons et Devoirs à faire

SAMEDI

DATES D'ANNIVERSAIRES

DATE	NOM	PRÉNOM

DATES D'ANNIVERSAIRES

DATE	NOM	PRÉNOM

PENSE BÊTE

PENSE BÊTE

PENSE BÊTE

PENSE BÊTE

ANNONCES IMPORTANTES

ANNONCES IMPORTANTES

ANNONCES IMPORTANTES

ANNONCES IMPORTANTES

TABLES D'ADDITION

+1	+2	+3	+4	+5
1 + 0 = 1	2 + 0 = 2	3 + 0 = 3	4 + 0 = 4	5 + 0 = 5
1 + 1 = 2	2 + 1 = 3	3 + 1 = 4	4 + 1 = 5	5 + 1 = 6
1 + 2 = 3	2 + 2 = 4	3 + 2 = 5	4 + 2 = 6	5 + 2 = 7
1 + 3 = 4	2 + 3 = 5	3 + 3 = 6	4 + 3 = 7	5 + 3 = 8
1 + 4 = 5	2 + 4 = 6	3 + 4 = 7	4 + 4 = 8	5 + 4 = 9
1 + 5 = 6	2 + 5 = 7	3 + 5 = 8	4 + 5 = 9	5 + 5 = 10
1 + 6 = 7	2 + 6 = 8	3 + 6 = 9	4 + 6 = 10	5 + 6 = 11
1 + 7 = 8	2 + 7 = 9	3 + 7 = 10	4 + 7 = 11	5 + 7 = 12
1 + 8 = 9	2 + 8 = 10	3 + 8 = 11	4 + 8 = 12	5 + 8 = 13
1 + 9 = 10	2 + 9 = 11	3 + 9 = 12	4 + 9 = 13	5 + 9 = 14
1 + 10 = 11	2 + 10 = 12	3 + 10 = 13	4 + 10 = 14	5 + 10 = 15

+6	+7	+8	+9	+10
6 + 0 = 6	7 + 0 = 7	8 + 0 = 8	9 + 0 = 9	10 + 0 = 10
6 + 1 = 7	7 + 1 = 8	8 + 1 = 9	9 + 1 = 10	10 + 1 = 11
6 + 2 = 8	7 + 2 = 9	8 + 2 = 10	9 + 2 = 11	10 + 2 = 12
6 + 3 = 9	7 + 3 = 10	8 + 3 = 11	9 + 3 = 12	10 + 3 = 13
6 + 4 = 10	7 + 4 = 11	8 + 4 = 12	9 + 4 = 13	10 + 4 = 14
6 + 5 = 11	7 + 5 = 12	8 + 5 = 13	9 + 5 = 14	10 + 5 = 15
6 + 6 = 12	7 + 6 = 13	8 + 6 = 14	9 + 6 = 15	10 + 6 = 16
6 + 7 = 13	7 + 7 = 14	8 + 7 = 15	9 + 7 = 16	10 + 7 = 17
6 + 8 = 14	7 + 8 = 15	8 + 8 = 16	9 + 8 = 17	10 + 8 = 18
6 + 9 = 15	7 + 9 = 16	8 + 9 = 17	9 + 9 = 18	10 + 9 = 19
6 + 10 = 16	7 + 10 = 17	8 + 10 = 18	9 + 10 = 19	10 + 10 = 20

NOTES

....

....

....

TABLES DE SOUSTRACTION

-1	-2	-3	-4	-5
1 - 1 = 0	2 - 2 = 0	3 - 3 = 0	4 - 4 = 0	5 - 5 = 0
2 - 1 = 1	3 - 2 = 1	4 - 3 = 1	5 - 4 = 1	6 - 5 = 1
3 - 1 = 2	4 - 2 = 2	5 - 3 = 2	6 - 4 = 2	7 - 5 = 2
4 - 1 = 3	5 - 2 = 3	6 - 3 = 3	7 - 4 = 3	8 - 5 = 3
5 - 1 = 4	6 - 2 = 4	7 - 3 = 4	8 - 4 = 4	9 - 5 = 4
6 - 1 = 5	7 - 2 = 5	8 - 3 = 5	9 - 4 = 5	10 - 5 = 5
7 - 1 = 6	8 - 2 = 6	9 - 3 = 6	10 - 4 = 6	11 - 5 = 6
8 - 1 = 7	9 - 2 = 7	10 - 3 = 7	11 - 4 = 7	12 - 5 = 7
9 - 1 = 8	10 - 2 = 8	11 - 3 = 8	12 - 4 = 8	13 - 5 = 8
10 - 1 = 9	11 - 2 = 9	12 - 3 = 9	13 - 4 = 9	14 - 5 = 9
11 - 1 = 10	12 - 2 = 10	13 - 3 = 10	14 - 4 = 10	15 - 5 = 10

-6	-7	-8	-9	-10
6 - 6 = 0	7 - 7 = 0	8 - 8 = 0	9 - 9 = 0	10 - 10 = 0
7 - 6 = 1	8 - 7 = 1	9 - 8 = 1	10 - 9 = 1	11 - 10 = 1
8 - 6 = 2	9 - 7 = 2	10 - 8 = 2	11 - 9 = 2	12 - 10 = 2
9 - 6 = 3	10 - 7 = 3	11 - 8 = 3	12 - 9 = 3	13 - 10 = 3
10 - 6 = 4	11 - 7 = 4	12 - 8 = 4	13 - 9 = 4	14 - 10 = 4
11 - 6 = 5	12 - 7 = 5	13 - 8 = 5	14 - 9 = 5	15 - 10 = 5
12 - 6 = 6	13 - 7 = 6	14 - 8 = 6	15 - 9 = 6	16 - 10 = 6
13 - 6 = 7	14 - 7 = 7	15 - 8 = 7	16 - 9 = 7	17 - 10 = 7
14 - 6 = 8	15 - 7 = 8	16 - 8 = 8	17 - 9 = 8	18 - 10 = 8
15 - 6 = 9	16 - 7 = 9	17 - 8 = 9	18 - 9 = 9	19 - 10 = 9
16 - 6 = 10	17 - 7 = 10	18 - 8 = 10	19 - 9 = 10	20 - 10 = 10

NOTES

TABLES MULTIPLICATION

x 1	x 2	x 3	x 4	x 5
1 x 0 = 0	2 x 0 = 0	3 x 0 = 0	4 x 0 = 0	5 x 0 = 0
1 x 1 = 1	2 x 1 = 2	3 x 1 = 3	4 x 1 = 4	5 x 1 = 5
1 x 2 = 2	2 x 2 = 4	3 x 2 = 6	4 x 2 = 8	5 x 2 = 10
1 x 3 = 3	2 x 3 = 6	3 x 3 = 9	4 x 3 = 12	5 x 3 = 15
1 x 4 = 4	2 x 4 = 8	3 x 4 = 12	4 x 4 = 16	5 x 4 = 20
1 x 5 = 5	2 x 5 = 10	3 x 5 = 15	4 x 5 = 20	5 x 5 = 25
1 x 6 = 6	2 x 6 = 12	3 x 6 = 18	4 x 6 = 24	5 x 6 = 30
1 x 7 = 7	2 x 7 = 14	3 x 7 = 21	4 x 7 = 28	5 x 7 = 35
1 x 8 = 8	2 x 8 = 16	3 x 8 = 24	4 x 8 = 32	5 x 8 = 40
1 x 9 = 9	2 x 9 = 18	3 x 9 = 27	4 x 9 = 36	5 x 9 = 45
1 x 10 = 10	2 x 10 = 20	3 x 10 = 30	4 x 10 = 40	5 x 10 = 50

x 6	x 7	x 8	x 9	x 10
6 x 0 = 0	7 x 0 = 0	8 x 0 = 0	9 x 0 = 0	10 x 0 = 0
6 x 1 = 6	7 x 1 = 7	8 x 1 = 8	9 x 1 = 9	10 x 1 = 10
6 x 2 = 12	7 x 2 = 14	8 x 2 = 16	9 x 2 = 18	10 x 2 = 20
6 x 3 = 18	7 x 3 = 21	8 x 3 = 24	9 x 3 = 27	10 x 3 = 30
6 x 4 = 24	7 x 4 = 28	8 x 4 = 32	9 x 4 = 36	10 x 4 = 40
6 x 5 = 30	7 x 5 = 35	8 x 5 = 40	9 x 5 = 45	10 x 5 = 50
6 x 6 = 36	7 x 6 = 42	8 x 6 = 48	9 x 6 = 54	10 x 6 = 60
6 x 7 = 42	7 x 7 = 49	8 x 7 = 56	9 x 7 = 63	10 x 7 = 70
6 x 8 = 48	7 x 8 = 56	8 x 8 = 64	9 x 8 = 72	10 x 8 = 80
6 x 9 = 54	7 x 9 = 63	8 x 9 = 72	9 x 9 = 81	10 x 9 = 90
6 x 10 = 60	7 x 10 = 70	8 x 10 = 80	9 x 10 = 90	10 x 10 = 100

NOTES

....

....

....

TABLES DE DIVISION

÷1	÷2	÷3	÷4	÷5
0 ÷ 1 = 0	0 ÷ 2 = 0	0 ÷ 3 = 0	0 ÷ 4 = 0	0 ÷ 5 = 0
1 ÷ 1 = 1	2 ÷ 2 = 1	3 ÷ 3 = 1	4 ÷ 4 = 1	5 ÷ 5 = 1
2 ÷ 1 = 2	4 ÷ 2 = 2	6 ÷ 3 = 2	8 ÷ 4 = 2	10 ÷ 5 = 2
3 ÷ 1 = 3	6 ÷ 2 = 3	9 ÷ 3 = 3	12 ÷ 4 = 3	15 ÷ 5 = 3
4 ÷ 1 = 4	8 ÷ 2 = 4	12 ÷ 3 = 4	16 ÷ 4 = 4	20 ÷ 5 = 4
5 ÷ 1 = 5	10 ÷ 2 = 5	15 ÷ 3 = 5	20 ÷ 4 = 5	25 ÷ 5 = 5
6 ÷ 1 = 6	12 ÷ 2 = 6	18 ÷ 3 = 6	24 ÷ 4 = 6	30 ÷ 5 = 6
7 ÷ 1 = 7	14 ÷ 2 = 7	21 ÷ 3 = 7	28 ÷ 4 = 7	35 ÷ 5 = 7
8 ÷ 1 = 8	16 ÷ 2 = 8	24 ÷ 3 = 8	32 ÷ 4 = 8	40 ÷ 5 = 8
9 ÷ 1 = 9	18 ÷ 2 = 9	27 ÷ 3 = 9	36 ÷ 4 = 9	45 ÷ 5 = 9
10 ÷ 1 = 10	20 ÷ 2 = 10	30 ÷ 3 = 10	40 ÷ 4 = 10	50 ÷ 5 = 10

÷6	÷7	÷8	÷9	÷10
0 ÷ 6 = 0	0 ÷ 7 = 0	0 ÷ 8 = 0	0 ÷ 9 = 0	0 ÷ 10 = 0
6 ÷ 6 = 1	7 ÷ 7 = 1	8 ÷ 8 = 1	9 ÷ 9 = 1	10 ÷ 10 = 1
12 ÷ 6 = 2	14 ÷ 7 = 2	16 ÷ 8 = 2	18 ÷ 9 = 2	20 ÷ 10 = 2
18 ÷ 6 = 3	21 ÷ 7 = 3	24 ÷ 8 = 3	27 ÷ 9 = 3	30 ÷ 10 = 3
24 ÷ 6 = 4	28 ÷ 7 = 4	32 ÷ 8 = 4	36 ÷ 9 = 4	40 ÷ 10 = 4
30 ÷ 6 = 5	35 ÷ 7 = 5	40 ÷ 8 = 5	45 ÷ 9 = 5	50 ÷ 10 = 5
36 ÷ 6 = 6	42 ÷ 7 = 6	48 ÷ 8 = 6	54 ÷ 9 = 6	60 ÷ 10 = 6
42 ÷ 6 = 7	49 ÷ 7 = 7	56 ÷ 8 = 7	63 ÷ 9 = 7	70 ÷ 10 = 7
48 ÷ 6 = 8	56 ÷ 7 = 8	64 ÷ 8 = 8	72 ÷ 9 = 8	80 ÷ 10 = 8
54 ÷ 6 = 9	63 ÷ 7 = 9	72 ÷ 8 = 9	81 ÷ 9 = 9	90 ÷ 10 = 9
60 ÷ 6 = 10	70 ÷ 7 = 10	80 ÷ 8 = 10	90 ÷ 9 = 10	100 ÷ 10 = 10

NOTES

....

....

....

Printed in France by Amazon
Brétigny-sur-Orge, FR

21320509R00067